DISCOURS

PRONONCÉ LE 5 JANVIER 1868

Aux Funérailles

DE

Mme LA COMTESSE DE MONTBRON

DISCOURS

PRONONCÉ LE 5 JANVIER 1868

AUX FUNÉRAILLES

DE

Mme LA COMTESSE DE MONTBRON

Messieurs,

La mort, aussi implacable qu'elle est aveugle, vient de frapper, dans cette commune, un de ses coups les plus regrettables ; elle a tranché une existence que les calculs ordinaires peuvent faire considérer comme longue, mais que le sentiment de la reconnaissance publique a le droit légitime de trouver trop courte.

Permettez à quelqu'un qui, pendant plus d'un demi-siècle, a eu l'honneur de connaître, de voir, de juger celle que nous pleurons tous, de vous dire, avec plus de rapidité que ne comporte le sujet, quelle fut cette vie si pure et si bien remplie.

1868

C'est pour moi un pieux devoir que de traduire en ce jour solennel, devant cette tombe ouverte, sous nos yeux, votre douleur et votre affliction, en vous parlant des sentiments dont je suis affecté moi-même.

Personne ici ne fut plus longuement que moi honoré de ses affectueuses sympathies. M'en glorifier à vos yeux est tout à la fois de la reconnaissance et le privilége du grand âge auquel je suis parvenu.

Il y a dans la vie bien peu de circonstances où les appréciations humaines arrivent à l'unanimité ; elle se produit aujourd'hui dans la triste cérémonie qui nous réunit. Vos cœurs, comme le mien, comme celui de toute la commune entière, battent sous la pression du même et douloureux sentiment.

Louise-Antoinette de Calignon de Vic, naquit, le 20 février 1777, dans l'une de ces familles où le double privilége d'une naissance noble et d'une grande fortune a pour corollaire naturel celui des grands exemples et d'une saine et religieuse éducation.

Celle que reçut la fille unique que le ciel avait accordée à l'amour de ses parents fut facilitée par une remarquable organisation de l'esprit et du cœur ; on eut peu d'efforts à faire pour développer les germes précieux de cette aptitude pour la vertu et les grands sentiments.

Son âme s'imprégna de bonne heure des exemples trouvés au foyer domestique et s'illumina de cette flamme vive, d'une religion éclairée, tolérante, dont elle suivit constamment les préceptes avec une scrupuleuse fidélité. Elle y trouvait les garanties de son bonheur ici-bas et de celui que sa piété lui montrait dans le ciel, où elle repose maintenant.

Elle avait aussi reçu traditionnellement, de ses auteurs, un autre culte qui eut le dévouement de sa vie : c'était celui qu'elle professa pour l'auguste famille qui a gouverné la France pendant plusieurs siècles.

Cette race royale était puissante, honorée, quand elle naquit sous son sceptre paternel. Elle eut la douleur de la voir décroître et descendre tous les degrés de l'abîme creusé par la révolution. Son attraction pour elle s'accrut et devint plus vive, s'il était possible, avec l'infortune qu'elle subissait. Le malheur attire les âmes supérieures.

Elle suivit, avec une émotion croissante, les longues et fatales péripéties qui la jetèrent, des hauteurs du plus beau trône, dans les profondeurs de l'exil. Elle en parlait avec un pieux attendrissement. L'espérance de voir cesser cette persécution du sort souriait à sa pensée comme ces perspectives lointaines qui charment les yeux. Elle pensait, comme Caton, que la cause vaincue était la meilleure.

Mais quels que fussent son zèle et ses regrets pour les princes tombés, elle ne porta jamais, dans la défense de ses convictions, cette ardeur aigre, incisive, qui irrite souvent et ne ramène jamais.

Sa foi chrétienne lui disait qu'une volonté plus haute que celle des hommes avait tout permis, dans un but ignoré des mortels : elle se résignait avec cette soumission qui est tout à la fois le cachet et la preuve d'une religion bien comprise.

Madame de Montbron avait reçu du ciel un remarquable ensemble de qualités physiques harmonieusement distribuées : une grande et belle taille, bien prise et bien portée, un port et une démarche imposante, une physionomie ouverte, gracieuse, de beaux yeux noirs, où brillait une âme intelligente et bonne, une bouche petite, un sourire fin, une voix douce et sympathique qui charmait. On se sentait attiré vers elle par son grand air de dignité qui n'empruntait rien à l'orgueil, qui était au-dessous d'elle, encore moins à une mesquine vanité qu'elle ne connut jamais.

Son esprit avait beaucoup d'élévation et cette ampleur qui s'allie si bien avec la bonté. Elle justifiait la judicieuse observation faite par une femme célèbre * dans un de ses écrits, c'est que *le véritable esprit est rayonnant de bonté.*

L'absence de cette dernière qualité fait toujours supposer la médiocrité de la première.

Dans les choses sérieuses, son jugement était droit, son conseil excellent ; son commerce était sûr, sa discré-

* Madame de Staël.

tion parfaite, susceptible d'un attachement réel ; elle était ferme dans son amitié ; ceux qu'elle jugeait dignes de ce beau sentiment pouvaient compter sur elle et sur le soin qu'elle prenait, au besoin, de les défendre avec autant d'énergie que d'urbanité.

Sa conversation, toujours dominée par le cœur, n'avait jamais rien de désobligeant ; elle s'attachait, au contraire, à ne dire que des choses capables de plaire à ceux qui l'écoutaient. Elle avait parfois une gracieuse tendance à voir le côté plaisant des choses ou des personnes, le mettait en relief avec une finesse assaisonnée de sel attique, sans blesser jamais la charité et la bienveillance qui en est une des formes les plus séduisantes. Son esprit, cultivé par l'étude, fécondé par de bonnes lectures, abondait en traits heureux, en souvenirs anecdotiques, qui recevaient de la forme élégante de son langage correct et pur le pouvoir d'attacher. Elle a joui jusqu'aux dernières heures de sa vie de cette faculté rare et précieuse, alors même que l'ange de la mort déployait ses ailes funèbres sur son noble front.

C'était comme un beau jour qui s'éteint et qui dans la lente décroissance des teintes de la lumière conserve de magnifiques splendeurs.

En général, nous mourons presque tous en détail : chaque jour emporte une de nos facultés et fait une ruine ; de tout ce que nous avons été, il ne reste, le plus souvent, que le léger et dernier souffle qui, s'envolant, ne livre à la tombe que la périssable et dernière partie de nous-mêmes.

Madame de Montbron eut le privilége de mourir toute entière; elle avait gardé toutes ses facultés, trop faiblement affaiblies pour qu'on pût dire qu'elle les avait perdues.

Elle a vu la mort en face, et n'en a pas été troublée : elle s'est éteinte dans la pure et douce confiance qu'elle allait s'unir à Dieu, but de toutes ses aspirations.

J'ai pu dire, avec quelque raison, je crois, dans une circonstance solennelle de sa vie, que le temps avait été rempli de respect pour elle.

Si Madame de Montbron, qui cacha ses jours sous les ombrages héréditaires de Montagrier, eût voulut vivre, comme elle le pouvait, sur un théâtre plus élevé, plus en contact avec le monde, elle eût été placée, par son exquise organisation, à côté de ces femmes d'élite, dont l'histoire contemporaine recherche et consacre le souvenir par des biographies palpitantes d'intérêt.

La sienne, s'il m'était permis de la tracer entièrement, serait aussi d'une nature bien attachante. Une vie pleine des plus hautes manifestations de la vertu et du devoir accompli est le plus saisissant et le plus fécond de tous les enseignements.

Je voudrais m'arrêter, mais je ne puis le faire sans ajouter à cette étude un souvenir rétrospectif des premières années de cette existence.

Quand Louise-Antoinette de Calignon de Vic eut atteint l'âge où le cœur s'ouvre à l'espérance de fonder la famille, elle donna son amour à un parent qui en était bien digne par l'ensemble de toutes les qualités dont il brillait. Il avait la beauté physique, la beauté morale, la naissance, l'intelligence, une haute éducation, l'esprit orné par l'étude, la fortune, et, comme complément de ces dons si précieux et si rares, la jeunesse.

Il ne lui manquait pour être complet que le sceau du malheur : la révolution le lui donna.

Proscrit par elle, condamné à mort, dépouillé de ses biens, il échappa par un miracle, qu'il a si bien raconté lui-même, au massacre de Quiberon.

C'était le comte Joseph Chérade de Montbron. Il brava les lois terribles de 93 pour venir demander à un prêtre, proscrit comme lui-même peut-être, dans une petite chambre ignorée de la ville de Bordeaux, la bénédiction clandestine de son union avec sa cousine, qui fut la douce et bonne compagne de sa vie.

En sortant de ce sanctuaire improvisé, les deux époux furent condamnés par la prudence à se défaire de leurs noms. La femme garda celui de sa naissance. Le mari en choisit un dont la vulgarité devait le protéger contre les recherches de la police. Ils se séparèrent : Mᵐᵉ de Mont-bront vint chercher timidement un asile dans une de ses terres ; le proscrit resta courageusement dans le monde, donnant des leçons de musique et de dessin.

Deux grandes nécessités pesaient sur ce ménage tremblant et disjoint : vivre d'abord, puis essayer d'obtenir la radiation, sur les listes fatales, du nom qu'on n'osait prendre et qu'on eût été fier de porter publiquement.

L'épouse sacrifia sans hésiter à ce double besoin deux belles propriétés, dont le prix, avili par le malheur de ces temps désastreux, ne représentait pas la valeur.

L'époux, par un courage poussé jusqu'à la plus extrême limite, alla à Paris, dans un bureau du ministère, ayant d'un côté l'arme cachée qui devait vaincre la résistance possible, de l'autre, l'argent visible qui devait vaincre la conscience. Cette dernière livra sans effort la liste fatale des proscrits condamnés. Le prix de cette éclatante témérité fut le salut de son auteur et des malheureux dont les noms se trouvaient sur le tableau sanglant enlevé au fonctionnaire intimidé par cette heureuse audace.

Le mépris public, la lassitude, l'horreur générale, appelèrent et firent naître des temps meilleurs. M. et Mme de Montbron purent jouir de leur bonheur, revenu plus doux par l'épreuve de ces cruelles vicissitudes.

Je veux ajouter un dernier trait avant de quitter cette époque tristement mémorable ; il caractérise davantage encore ces temps néfastes.

Un proche parent de Mme Montbron avait émigré. La nostalgie causée par la patrie absente, l'énergique besoin peut-être de revoir les siens, le firent témérairement rentrer en France. Arrêté bientôt, sa vie était en péril. Il fallait mourir ou fuir. Louise-Antoinette de Calignon alla droit à lui, le cœur plein de courage et la main pleine d'or. On pouvait gagner le gardien et s'échapper ; le gentilhomme ne le voulut pas.

L'identité qu'il fallait affirmer pouvait ne l'être pas. Le magistrat, dans son humanité, voulait être trompé; il préférait le mensonge à la vérité. Le proscrit préféra la vérité au mensonge; la conscience fut obéie, mais la tête tomba.

M. et Mme de Montbron, pouvant suivre désormais le cours régularisé de leur existence, vinrent se fixer dans la pittoresque terre de Montagrier. Les grâces de ce site charmant reçurent un charme nouveau de l'intelligence et des goûts artistiques de l'habile propriétaire.

C'est dans cette retraite, que Mme de Montbron ne quitta plus, que coula sa paisible vie, au milieu des œuvres variées de sa bienfaisance, de ses soins domestiques et du culte de ses amis, dont son château était le centre attractif.

Attentive à l'éducation de ses enfants, elle les enrichissait des principes dont elle s'était elle-même nourrie dans son enfance. Elle joignait à la sollicitude que lui causait sa propre famille, celle qu'elle accordait à tous les malheureux.

L'accomplissement de ces nombreux devoirs ne nuisait pas à ses obligations comme femme du monde : elle régnait dans son salon par l'aménité de ses formes, la fa-

cilité hospitalière de son accueil, les grâces de son ins-
truction et l'exercice constant de sa plus noble faculté, la
bonté ; ce n'était pas cette bonté qui n'est que sur les lè-
vres et n'est le plus souvent qu'un moyen d'usurper les
hommages qui ne sont dus qu'aux sentiments vrais,
mais cette bonté du cœur qui vient de Dieu, dont elle est
le plus adorable attribut, qui vit et se révèle par l'ac-
tion.

Ah ! si je vous disais, Messieurs, tout ce qu'elle a fait
sous l'inspiration de cette sublime vertu, vous seriez
étonnés de la diversité, de la grandeur des œuvres. Des
enfants arrachés à la misère, des éducations offertes à
l'impuissance de les conquérir sans la charité, des édi-
fices religieux dotés, soutenus, etc.

Mais, en vous parlant de ces choses, je craindrais de
blesser sa mémoire et de trahir le mystère dans lequel
elle voulut les cacher au monde.

Si je pouvais lire dans toutes ces âmes attristées qui
gémissent devant ce cercueil, y chercher, et vous mon-
trer la preuve de tous les bienfaits répandus par cette
main providentielle, de ces secours discrets à l'indigence
qui ne s'avoue pas, vous seriez émus comme cette foule
silencieuse qui m'écoute et se recueille dans le sentiment
de sa gratitude.

J'ai fini ; je dois respecter les pieux mystères que garde
le tombeau ; je n'ajouterais rien, du reste, à vos convictions. Cette existence a été si transparente, que vos re-

gards ont pu voir comme les miens, mieux encore, car vous avez toujours vécu près d'elle. Bien longtemps j'ai été absent ; ma présence même, en cette enceinte, n'est qu'un accident fortuit : j'ai voulu, j'ai dû en profiter pour rendre un sincère et dernier hommage à cette mémoire vénérée.

Puisse, noble dame, la voix d'un vieil et respectueux ami, que vous avez honoré de votre bienveillance, arriver jusqu'à vous, aux pieds du Dieu qui vous a reçue dans son sein paternel ; elle vous dira que votre souvenir ne périra pas parmi nous, et que les pauvres que vous avez aimés retrouveront votre bienfaisance dans la vertueuse famille qui vous pleure et vous imite.

V. BUSSIÈRE.

Saint-Bonnet, 5 janvier 1868.

LIMOGES. — Imprimerie de Barbou frères.